AF582244

THEATRE PARISIEN.

PIÈCES NOUVELLES.

LE PORTEUR
DES HALLES,

TABLEAU POPULAIRE EN UN ACTE, MÊLÉ DE COUPLETS,

PAR MM. BRAZIER, DE COURCY ET DUMERSAN,

REPRÉSENTÉ, POUR LA PREMIÈRE FOIS, A PARIS, SUR LE THÉATRE DE LA GAITÉ, LE 8 DÉCEMBRE 1835.

PRIX : 30 CENTIMES.

PARIS.

BARBA, LIBRAIRE, PALAIS-ROYAL,

GALERIE DE CHARTRES, DERRIÈRE LE THÉATRE FRANÇAIS, PRÈS DE CHEVET.

BEZOU, RUE MESLAY, 34, et boulevard St.-Martin, 29.

QUOY, BOULEVART SAINT-MARTIN, 18.

1836.

PERSONNAGES.	ACTEURS.
LEFORT, homme de peine.	M. PARENT.
JOSÉPHINE, sa fille, apprentie lingère.	Mlle HACVILLE.
Mme GODARD, fripière-tapissière.	Mme CHÉZA.
ANATOLE, son fils, clerc chez un commissaire-priseur.	M. ARMAND.
Le père TRINQUET, commissionnaire.	M. PRADIER.
Un petit ÉCOLIER.	M. CHÉSY.
Un Garçon de Café.	

La Scène se passe, à Paris, sur le quai, au coin de la place du Châtelet.

Approuvé par le Ministre de l'Intérieur.
Pour le chef de la division des Beaux-Arts,
Le chef du Bureau des Théâtres,
Signé, J. DE WAILLY.

***

S'adresser, pour la musique de cette Pièce, à M. BÉANCOURT, chef d'orchestre du Théâtre de la Gaité.

LE PORTEUR DES HALLES,

TABLEAU POPULAIRE.

SCÈNE PREMIÈRE.

Mme GODARD, ANATOLE.

Mme GODARD, *entrant la première.* Non, non, Anatole, ne m'obstinez pas... le fils unique d'une grosse fripière-tapissière ne peut épouser qu'une fille de son rang et de sa sorte.

ANATOLE. Mais, maman, qui vous dit que mademoiselle Joséphine n'a pas toutes les qualités que vous êtes en droit d'exiger dans une bru ?..

Mme GODARD. Où l'avez-vous connue, cette Joséphine ?.. dans des endroits inconvenans ?.. au Colysée, au jardin de Trianon... vous Vous dérangez, mon fils...

ANATOLE. Moi, m'man ?...

Mme GODARD. Monsieur Brichet, votre huissier-priseur, dit que vous n'êtes plus exact à l'étude, que vous allez au café... et même dans les théâtres... enfin, que vous travaillez de tête à des pièces de comédie, où l'on empoisonne tout le monde !.. vous faites donc aussi de ces bêtises-là, mon fils ?

ANATOLE. Maman, je m'occupe de littérature, c'est vrai, mais dans mes momens perdus... Quant à la jeune personne, voilà six mois que j'en ai fait la rencontre sur la place du Châtelet... Elle allait chez sa lingère, comme j'allais chez mon huissier...

Mme GODARD. Ah ! elle est chez une lingère ?..

ANATOLE. Rue Planche-Mibrai.

Mme GODARD. Après ?...

ANATOLE. Elle avait l'air si modeste ! elle marchait les yeux baissés, sans regarder ni à droite, ni à gauche...

Mme GODABD. Et vous avez regardé de son côté ?..

ANATOLE. Machinalement... depuis ce jour fatal, je la suivais tous les matins... toujours machinalement...

Mme GODARD. Et vous lui parliez ?...

ANATOLE. Encore machinalement... je lui offrais mon bras ; mais elle me refusait... avec une grâce !..

Mme GODARD. Oh ! les vilains hommes !.. je me rappelle qu'on me suivait comme cela dans les rues... j'étais au supplice !.. l'autre soir encore, est-ce qu'un jeune homme ne marchait pas derrière moi, avec un acharnement !.. je trottais, je trottais ; enfin, sous un réverbère, je me retourne et je lui dis : Pour qui me prenez-vous? regardez-moi. Il s'est sauvé tout de suite. Mais continue, ton récit m'intéresse.

ANATOLE. J'ai tant intrigué, que je me suis fait inviter chez madame Serré, sa maîtresse lingère, chez laquelle on danse tous les dimanches ; vous savez que je joue passablement du flageolet...

Mme GODARD. Je t'ai donné assez d'arts d'agrément, pour que tu puisses briller dans la société.

ANATOLE. Je suis parvenu à me faire remarquer de mademoiselle Joséphine, et j'ai risqué ma déclaration.

Mme GODARD. Elle est donc bien aimable, cette jeunesse?

ANATOLE, *avec enthousiasme.* Oh!.. délirante!.. prodigieuse!..

AIR : *Connaissez-vous ma Roxelanne?* (d'un premier Amour.)

Si vous voyiez ma Joséphine,
Vous en seriez folle, maman;
Elle a deux yeux... un' taille divine,
Deux bras, deux pieds, un' jambe fine...
C'est un phénomène vivant!

En un mot, c'est un' fille unique;
On n' saura jamais, au total,
En ell' quel est l' plus magnifique,
Ou du moral, ou du physique,
Ou du physique, ou du moral...

Si vous voyiez ma Joséphine, etc.

Mme GODARD. Ecoute, Anatole... je veux ton bonheur!.. fils unique, enfant gâté!.. tu me rappelles ton père que j'ai tant chéri ; ce pauvre monsieur Godard, le tapissier le plus aimable de tout le quartier des Bourdonnais!.. je t'ai donné mon lait, je t'ai acheté un homme à la conscription... à c't'e heure, je veux te choisir une compagne ; et si ta Joséphine t'apporte seulement une dixaine de mille francs...

ANATOLE, *vivement.* Ainsi, maman, vous me permettez de vous la présenter?..

Mme GODARD. Avant tout, je veux connaître sa famille... Les Godard sont estimés sous les Piliers des Halles... ils ne sont pas faits pour se mésallier... J'ai été habituée, par mon état de revendeuse à la toilette, au grand monde... à la belle société... ton père a travaillé au sacre, Anatole, n'oublie jamais ça!.. il a rembourré les banquettes du sacre!.. Ah! si Napoléon n'était pas déchu, tu aurais épousé quelque jeune personne des Tuileries... mais les restaurations et les révolutions renversent tant de choses!.. Ah! ça, je bavarde avec toi...

AIR : *Quel bonheur !* (de Robert le Diable.)

F'sons chacun not' métier ;
Pour prêcher d'exemple :
Mon garçon, j' vais au temple ;
Toi, va-t'en chez ton huissier.

Les vieill's mod's de nos aïeux
Plais't aux p'tit's maîtresses...

ANATOLE.

C'est comm' pour les pièces,
On r'prend tout c' qu'est vieux.

ENSEMBLE.

F'sons chacun not' métier,
Vous prêchez l'exemple.
Allez donc vite au temple;
Moi, j' m'en vas chez mon huissier.

Mme GODARD.

F'sons chacun not' métier, etc., etc.

(*Elle sort.*)

SCENE II.

ANATOLE, *seul.*

Ce n'est pas encore aujourd'hui que je serai exact à l'étude... Le patron dira ce qu'il voudra ; mais je veux annoncer à Joséphine les bonnes dispositions de sa future belle-mère... Justement, la voilà.. encore plus gentille qu'hier soir...

(*Il va au-devant d'elle.*)

SCENE III.

ANATOLE, JOSÉPHINE, *arrivant un petit panier sous le bras.*

ANATOLE, *s'avançant.* On ne passe pas...

JOSÉPHINE. Ah! ben, M. Anatole, c'est des bêtises... Vous savez bien que je vous ai défendu de me parler dans la rue... Nous avons les dimanches pour nous voir... c'est bien assez...

ANATOLE. Pour vous, peut-être!..

JOSÉPHINE. Finissez!.. Nous allons être remarqués par les passans...

ANATOLE. Eh bien! prenez mon bras...

JOSÉPHINE. C'est ça... Madame Serré serait contente, si elle me voyait arriver à la boutique, mon panier sous un bras, et un jeune homme sous l'autre!.. Et ces demoiselles, qu'est-ce qu'elles diraient?..

ANATOLE, *avec malice.* Elles diraient que vous venez de faire vos provisions.

JOSÉPHINE. M. Anatole, je vous préviens que je ne peux pas souffrir qu'on ait mauvais ton.

ANATOLE. C'était pour rire, là!.. Mais j'ai quelque chose de sérieux à vous dire...

JOSÉPHINE. Vous me direz cela dimanche... en jouant du flageolet...

ANATOLE. Comment voulez-vous que je vous parle quand j'aurai le flageolet sur les lèvres?..

JOSÉPHINE. Je n'entends plus qu'il soit question d'amour entre nous, tant que vous n'aurez pas le consentement de vos parens.

ANATOLE. Mais, c'est justement de ça qu'il s'agit!..

JOSÉPHINE, *avec joie.* Comment! vrai?..

ANATOLE. Je sens comme vous, mademoiselle Joséphine, qu'il est temps d'aborder le chapitre de nos familles.

JOSÉPHINE, *un peu embarrassée.* De nos familles?..

ANATOLE. Oui, Mademoiselle; et, si, comme je n'en doute pas, vous en avez une...

JOSÉPHINE. Monsieur, je n'ai qu'un père...

ANATOLE. On ne vous demande pas d'en avoir deux... moi-même, je n'ai qu'une mère... une tendre mère, qui n'a que le défaut d'être un peu orgueilleuse... haute comme le temps, ma mère!.. mais, quand elle vous verra...

JOSÉPHINE, *avec timidité.* Et... elle est sans doute établie?..

ANATOLE, *sérieusement.* Elle tient, depuis vingt-cinq ans, une des plus belles boutiques de friperie des Piliers des Halles... ce qui justifiera peut-être à vos yeux l'espèce d'aristocratie qui perce, malgré elle, dans toutes ses manières.

JOSÉPHINE, *à part.* Voilà ce que je craignais... (*Elle veut s'éloigner.*)

ANATOLE, *la retenant.* Joséphine... qu'avez-vous?..

JOSÉPHINE, *tournant la tête.* Je n'ai rien, M. Anatole.

ANATOLE. Une larme s'échappe de vos yeux.

JOSÉPHINE. C'est que... mon père... (*A part.*) Ah! je n'aurai jamais le courage de lui dire...

ANATOLE. Parlez, dites-moi tout; ne me cachez rien!.. Est-ce que le respectable auteur de vos jours serait un grand criminel!..

AIR : *de Céline.*

Ah! Monsieur... mon père est honnête,
Chacun l'estime, dieu merci!
Partout il peut lever la tête,
Je n'ai pas à rougir de lui.
Aussi lui plaire est toute mon envie,
Et de l'honneur suivant aussi la loi,
Je tâcherai toute ma vie
Qu'il n'ait pas à rougir de moi.

ANATOLE. Eh bien! alors?..

JOSÉPHINE. Il travaille; mais il ne doit rien à personne.

ANATOLE. Il ne doit rien; c'est déjà beaucoup... Ne vous effrayez donc pas comme ça... Ma mère n'est pas intéressée.

JOSÉPHINE, *un peu rassurée.* Ah!..

ANATOLE. Mon Dieu, non!.. Tout-à-l'heure, encore, elle me disait, là, où vous êtes : Que ta future t'apporte seulement *dix mille francs* de dot... et...

JOSÉPHINE. Dix mille francs!.. Adieu, M. Anatole... (*Fausse sortie.*)

ANATOLE. Comment, adieu!..

JOSÉPHINE. Ne me parlez plus, ne me suivez plus.

ANATOLE, *lui prenant la main.* Joséphine! ma Joséphine!.. Ah! mon Dieu! M. Brichet qui est à la fenêtre!

(*Il lui quitte la main.*)

JOSÉPHINE. Vous le voyez, Monsieur, vous me compromettez...

ANATOLE, *vivement.* Non, non, non!.. Je vous quitte, je cours à l'étude... mais je ne vous dis pas adieu... Joséphine, je vous écrirai...

JOSÉPHINE. Je ne recevrai pas vos lettres.

ANATOLE, *s'en allant.* Vous les recevrez, et vous y répondrez!.. Amour pour la vie!.. Je cours chez M. Brichet. (*Il sort.*)

SCENE IV.

JOSÉPHINE, *seule.*

Ça m'apprendra à me laisser suivre, et à me laisser faire des déclarations d'amour par des jeunes gens bien mis, que je ne connais pas... Comment avouer que mon père est un homme de peine... et comment lui faire quitter son état!.. Je ne gagne pas encore assez pour nous deux. Pauvre Père!.. le voilà qui revient, bien chargé, la hotte sur le dos... Ah! c'est dommage! (*Elle soupire.*)

SCENE V.

JOSÉPHINE, LEFORT.

(*Il arrive portant sur le dos une grande hotte, remplie de légumes, et tient à la main un bâton, sur lequel il s'appuie.*)

LEFORT, *s'adossant contre le mur.* Oh! oh! oh! c'est ici qu'on déballe la voiture, et qu'on va mettre le cheval à l'écurie.

JOSÉPHINE. Bonjour, Papa.

LEFORT. Bonjour, mon enfant... mais je suis chargé comme un mulet, et je ne peux pas t'embrasser. Donne-moi donc un coup de main... Ha! je ne pense pas que tu es une délicate!.. Hei! la mère Laitue! voilà votre charge de légumes... (*il sort une fruitière qui lui ôte sa hotte.*) C'est 30 sous qui sont bien gagnés; j'ai transpiré pour plus de 45... (*A Joséphine.*) Na!.. à c't' heure, je m'en vas avaler un gilet de flanelle chez le marchand de vin.

JOSÉPHINE. Ah! papa!.. vous n'êtes pas sage!..

LEFORT. De quoi!.. de quoi!..

JOSÉPHINE. Vous avez déjà bu ce matin...

LEFORT. Trois demi-septiers, deux petits verres, pas davantage!.. ces diables de légumes sont si sèches... faut ben les arroser...

JOSÉPHINE. Vous ne pensez pas à l'avenir...

LEFORT. L'avenir!.. c'est ce soir, l'avenir!.. c'est demain, l'avenir!..

JOSÉPHINE. C'est quand vous serez vieux...

LEFORT. Quand je serai vieux... je me rangerai... des voitures.

JOSÉPHINE. Mais, si vous n'avez rien?..

LEFORT. Je ne le mangerai pas.

JOSÉPHINE. Dimanche encore vous avez dépensé 12 francs à la Courtille...

LEFORT. Après?..

AIR : *de Préville et Taconnet.*

Oui, j'en conviens, je suis un peu prodigue;
J'ai la faibless' de ne rien épargner.
Dans mon état, sais-tu que l'on fatigue!
Aussi l'argent, dès qu'on vient d' me l'donner,
J' aime à le boir' comm' j' aime à le gagner.
Je port', je trim', je travaill' tout' la s'maine;
Quand vient l' dimanche on peut se divertir...
Oui, le dimanche on aime à s' divertir...
Pendant six jours, je suis un homm' de peine,
Et, le septième, un homme de plaisir!

JOSÉPHINE. Vous êtes mis à faire trembler!..

LEFORT. C'est l'uniforme de l'état... Tenez, ma fille, je vois que j'ai eu tort de vouloir vous élever dans une autre hémisphère que la mienne... Homme de peine, je gagne ma vie sur le carreau de la Halle. Au lieur de vous faire lingère, j'aurais dû vous mettre marchande de mouron ou d'allumettes... à l'heure qu'il est vous ne m'humiliriez pas...

(*Il s'essuie une larme.*)

JOSÉPHINE. Ah! papa... pouvez-vous croire!..

LEFORT, *répétant.* Vous ne m'humiliriez pas... Voilà les enfans d'aujourd'hui; on s'occupe de leurs éducations... car tu le sais, Joséphine, je n'ai rien négligé pour toi; je t'ai envoyée gratis au mutuel... t'as voulu t'être dans l'aiguille... Eh ben! madame Serré, qui m'estime, t'a pris chez elle pour rien, te nourrit pour rien... t'apprend ton état pour rien... j'ai fait pour toi tous les sacrifices... Quand un père se saigne, qu'est-ce qu'on peut lui demander?..

JOSÉPHINE. Mais, papa, est-ce que vous ne pourriez pas entreprendre un état moins fatigant?

LEFORT. Qu'est-ce que tu veux que je fasse, puisque je ne sais rien faire?.. veux-tu que je me mette académicien?

JOSÉPHINE. Non, je ne dis pas ça...

LEFORT. Veux-tu que je me mette argent de change?.. J'aimerais assez à me mettre argent de change; mais pour changer, faut de la monnaie, et je n'aurais pas de quoi rendre...

JOSÉPHINE, *lui caressant le menton.* Qu'est-ce qui vous empêche de vous faire la barbe un peu plus souvent?.. vous n'êtes pas assez coquet... enfin, vous n'avez seulement pas encore mis la belle redingotte que je vous ai fait faire.

LEFORT. Eh ben! c'est bon, je la mettrai..

JOSÉPHINE. Si vous vouliez... vous seriez encore gentil.

LEFORT. Je le sais, et je pourrais me remarier; j'ai rencontré des partis, je les ai tous refusés par rapport à toi... Au moins, si je me prive des soins d'une épouse, que ma fille m'en dédommage... si je me prive d'embellir mon intérieur...

JOSÉPHINE. Oui, papa, vous avez raison; c'est comme moi, je vous jure bien que je renonce...

LEFORT. Ça n'est pas juste; chacun son tour, et si tu trouvais à entrer dans une bonne famille d'ouvriers...

JOSÉPHINE. Nous causerons de ça... en attendant, je vas toujours vous préparer un bon petit déjeûner, et ne m'en voulez pas de ce que je vous ai dit...

LEFORT. Non, mon enfant, non.

JOSÉPHINE. Vous allez monter bientôt?

LEFORT. Tout de suite... je marche sur tes talons... (*Elle sort.*)

SCENE VI.

LEFORT, *seul, la regardant aller.*

C'est sage, ça ne parlerait pas un jeune homme; ça ne recevrait pas une lettre... faudra pourtant l'établir... tout ce que j'ai pu lui amasser, à la force des reins, c'est un joli petit mobilier.

AIR : *de la Catacoua.*

J' veux, en bon père de famille,
Puisque je songe à la marier,
Donner d'abord à ma pauvr' fille
La p'tit' commode en bois d' noyer
La glace avec son entourage,

Et le bois de lit en m'risier,
Sans oublier
Un oreiller,
Un' couvertur', deux mat'las, un sommier...
On peut être heureuse en ménage,
Avec un pareil mobilier!

Je n'en avais pas tant quand j'ai épousé madame Lefort, et nos parens ne sont pas encore aussi cossus que nous; ma pauvre sœur qui a huit enfans... Allons, allons, à la grâce de Dieu!..

(*Il se promène de long en large comme un commissionnaire qui attend une commission.*)

SCÈNE VII.

LEFORT, ANATOLE, *accourant une lettre à la main.*

ANATOLE, *à lui-même.* Nous verrons si elle résistera encore à une lettre aussi pénétrante! elle est bien ma lettre; je la mettrai dans mon premier mélodrame... je sens qu'une passion contrariée peut élever un clerc d'huissier jusqu'à la hauteur des plus grands héros de la Porte-Saint-Martin!..

AIR : *de l'Harmonica.*

Quand un amant trahit une bell' dame,
On le fait tuer, comme Monadelschi...
Quand on n' veut pas compromettre une femme,
On la poignard' comm' monsieur Antony.
Quand une épous' feint de n' pas vous r'connaître,
Comm' monsieur d'Guise, on la train' par les ch'veux...
Comm' Darlingthon, on la jett' par la f'nêtre,
Quand on en trouve une autr' qui vous plaît mieux.

(*Il marche à pas précipités.*)

LEFORT, *à part.* Comme en v'là un qui se démène!.. on dirait qu'il a des frémis dans les jambes...

ANATOLE. Mais je ne peux pas porter ma lettre moi-même... il me faut un commissionnaire... en voilà un qui a l'air stupide... il fera mon' affaire... (*à Lefort.*) Dites donc, l'ami?..

LEFORT. Eh ben! voyons... de quoi qu'il s'agit?

ANATOLE. De porter quelque chose...

LEFORT. Je suis votre homme... je porte deux cent cinquante...

ANATOLE. Ce n'est pas si lourd que ça.

LEFORT. Je vas prendre mon hotte...

ANATOLE. Il n'y en a pas besoin... c'est un simple poulet... en papier... (*Il lui montre le billet, lui donnant une petite pièce.*) Tenez, mon brave homme, je paie d'avance... voilà 10 sous... (*à part.*) Comme on sème l'argent quand on est amoureux!.. (*haut.*) rendez-m'en quatre...

LEFORT. Je ne les ai pas.

ANATOLE. Vous me les redevrez; mais, courez vîte!

LEFORT, *qui a fait quelques pas.* Y a-t-il réponse?..

ANATOLE. Il demande ça!.. je crois bien qu'il y a réponse... je viendrai la prendre, ici, dans une demi-heure... Allez! allez! zèle, adresse, discrétion; discrétion, surtout!.. et n'oubliez pas mes quatre sous.

(*Il s'éloigne rapidement.*)

SCÈNE VIII.

LEFORT; *ensuite un petit* ÉCOLIER.

LEFORT. Il peut se vanter d'être cocasse, ce coco-là!.. c'est quéque amoureux, ben sûr... qui écrit des bêtises à son objet... Allons, allons, faut pas faire attendre le sentiment... portons cette lettre à son adresse. (*S'arrêtant.*) Eh ben! oui... mais dans queu pays qu'elle est située, c't' adresse? (*Il tourne et retourne la lettre.*) Mes parens ont oublié la lecture dans mon éducation. Qu'est-ce qui me lirait bien ça? (*il passe un petit enfant, qui porte un petit panier et deux livres attachés avec une ficelle.*) Tiens! ce petit Roquet, ça porte des livres, ça doit savoir lire : la jeunesse, à présent, est si avancée!.. Dis donc, hé! moutard! est-ce que tu va t'à l'école?..

L'ENFANT. Non, j'en deviens.

LEFORT. Comme il parle bien... j'en deviens!.. Des ignorantins ou du mutuel?..

L'ENFANT. Quéqu' ça vous fait?.. c'est pour savoir mon opinion : vous ne la saurez pas.

LEFORT. Ils ont une opinion, à c't' heure, avant d'être au monde... Rends-moi un service : lis-moi c't' adresse-là!..

L'ENFANT. Ah! ce grand dadais, qui ne sait pas lire, à son âge!..

LEFORT. Ça n'est pas ma faute, mon homme, la conscription m'a gêné... si tu étais né dans mon époque, tu n' saurais p't-être pas lire non plus.

L'ENFANT. Donnez-moi des billes, je vous lirai ce que vous voudrez.

LEFORT. Est-il intéressé!.. Je te donnerai un sou pour en acheter.

L'ENFANT. Écoutez, je vas vous déchiffrer ça... à l'ivre ouvert.

LEFORT, *lui renfonçant sa casquette.* Ah! tu sais lire, toi, méchant mioche!.. tu sais lire!

L'ENFANT. Finissez donc... si vous me bouchez l'œil... (*il relève sa casquette, et lit.*)

« A mademoiselle, mademoiselle José-
« phine, ouvrière chez madame Serré,
« lingère, rue Planche-Mibrai...»

LEFORT. N'y a pas ça!..

L'ENFANT. Mais, si! y a ça!

LEFORT. Je te dis qu'il n'y a pas ça.

L'ENFANT. Alors, lisez vous-même. (*Recommençant.*)

« Mademoiselle Joséphine...

LEFORT, *en colère*. Assez!.. (*il lui arrache la lettre.*) assez! que je te dis!.. et ne me regarde pas comme ça... Va-t'en, va-t'en à ton école, gamin!

L'ENFANT. Eh ben! merci!.. et mes billes?..

LEFORT. Je te vas donner des calottes.

L'ENFANT. Grand gamin! viens me retrouver une autre fois... malhonnête! je te lirai aussi tes adresses... comme je danse... Ah! c'te tête!

(*L'Enfant s'éloigne en se moquant de lui.*)

LEFORT, *seul*. A mademoiselle Joséphine! à ma fille!

AIR : *T'en souviens-tu?*

Où qu' nous allons?.. aujourd'hui c'est un père
A qui l'on r'met en main les billets doux!..
Faut donc que j' port'. pauvre commissionnaire,
Le déshonneur à ma fill', pour six sous!
A l'amoureux je dois rendre c' te somme;
Mais j' garderai soigneus'ment mon bâton...
C'est lui qui f'ra la réponse au jeune homme.
Et qui de plus paîra la commission.

La voici qui redescend... comme un fait exprès... A nous deux!

SCENE IX.

LEFORT, JOSÉPHINE.

JOSÉPHINE, *accourant*. Papa, si vous voulez venir déjeûner... Ah! je me suis dépêchée : j'avais peur de ne plus vous trouver là.

LEFORT, *d'un ton concentré*. Justement, j'ai une commission à faire.

JOSÉPHINE. Bien loin?

LEFORT. Pas si loin que je voudrais.

JOSÉPHINE. Comme vous dites ça!.. vous avez un air tout drôle.

LEFORT, *s'asseyant sur sa hotte*. Joséphine, mettez-vous là, devant moi; regardez-moi en face, entre les deux yeux... j'ai quéq' chose à vous dire...

JOSÉPHINE. Vous me faites peur...

LEFORT. On n'a peur que quand on a mal fait.

JOSÉPHINE. Expliquez-vous, papa?

LEFORT. Joséphine, vous savez lire?

JOSÉPHINE. Oui, puisque vous me l'avez fait apprendre.

LEFORT. J'ai p't-être eu tort; mais, c'est égal, lisez-moi c'te lettre là...

JOSÉPHINE, *la prenant*. Une lettre?.. et pour qui?.. (*lisant*) « A mademoiselle Joséphine..» Tiens, c'est pour moi?..

LEFORT. Apparemment... si on a bien mis l'adresse; mais, voyons le dedans.

JOSÉPHINE, *à part*. Ah! mon Dieu, si c'était de M. Anatole.

LEFORT, *élevant la voix*. Le dedans!

JOSÉPHINE, *troublée*. Voilà, papa, voilà!

(*Elle a ouvert la lettre, et lit.*)

« Mademoiselle,

« Si votre âme n'est pas inaccessible
» aux sympathies qui enchaînent les
» cœurs, vous ne repousserez pas les
» vœux de celui qui ne veut que votre
» bonheur. Que m'importe votre père...
» il ne peut-être pour moi un obstacle à
» notre félicité. Ayez la bonté de me faire
» réponse par le porteur; c'est un homme
» de confiance, comme le prouve la mé-
» daille de cuivre pendue à sa bouton-
» nière, et numérotée par la préfecture..
» J'attends votre arrêt dans les angoisses,
» et suis, pour la vie,

» ANATOLE GODARD.»

LEFORT. Le porteur, c'est moi... c'est moi l'homme de confiance... Vous voyez, la lettre n'était pas décachetée... j'ai rempli mon devoir de père et de commissionnaire...

JOSÉPHINE. Oh!

LEFORT. Du reste, j'ai rien à vous réclamer... le port est payé...

JOSÉPHINE. Papa, je vous en prie!..

LEFORT. Ah ça, maintenant, Mamselle... vous connaissez ce jeune homme?..

JOSÉPHINE. De vue, seulement.

LEFORT. Vous y avez parlé?..

JOSÉPHINE. Quelquefois.

LEFORT. Il vous aime?..

JOSÉPHINE. Il le dit.

LEFORT. Vous l'aimez?..

JOSÉPHINE. Je crois que oui.

LEFORT. Jusques là, ça va bien... mais, ce n'est pas tout... y a réponse.

JOSÉPHINE. Comment, papa?..

LEFORT, *élevant la voix*. Je vous dis qu'il y a réponse... et vous allez la faire.

JOSÉPHINE. Mais je ne sais comment répondre?..

LEFORT. Je vas vous dicter moi-même.

JOSÉPHINE. Mais, où voulez-vous que je...

LEFORT, *frappant sur la table du café avec son bâton*. Ici... garçon! un petit verre, une plume et de l'encre. Tu vas prendre la plume et l'encre; moi, je prendrai le petit verre...

LE GARÇON, *apportant un petit verre, un*

carafon , et ce qu'il faut pour écrire. Voilà, Monsieur; faut-il verser?..

LEFORT. Oui, et le bain de pied. (*Après avoir bu.*) Allons, ma fille, écrivez... « Jeune homme... »

JOSÉPHINE. Jeune homme?.. ça n'est pas bien ; il faut mettre Monsieur.

LEFORT. Eh ben!.. « Monsieur le jeune homme. »

JOSÉPHINE, *écrivant malgré elle.* « Mon-» sieur le jeune homme...

LEFORT. » Quoiq'... »

JOSÉPHINE. Comment, quouac?..

LEFORT. Va toujours. — « Quoique vous » disiez, dans votre lettre, que vous n'ê-» tes pas un séducteur, ni un trompeur, » je vous défends de me reparler, sous » aucun prétexe...

JOSÉPHINE, *écrivant :* » Sous aucun pré-» texte. » (*Parlant.*) Mais, cependant, mon père...

LEFORT, *appuyant.* » Sous aucun prétexe!..» Je parle français!..

JOSÉPHINE. Oui, papa ; c'est mis.

LEFORT. Et écris-moi ça en gros, pour qu'il lise mieux... Ah! ça, ousque j'en étais?.. ah!.. (*dictant*) « Et quoiq!..

JOSÉPHINE. » Et quoique.

LEFORT, *dictant.* » Quoique vous disiez » encore que mon père ne peut être un » ostacle à votre félicité...

JOSEPH, *écrivant.* « Félicité.

LEFORT, *continuant.* « Je vous préviens » que, si vous récidivez, ce dernier vous » cassera les reins... avec lesquels j'ai » l'honneur d'être votre très-humble ser-» vante,

» JOSÉPHINE LEFORT. »

JOSÉPHINE, *à part.* Ajoutons bien vite quelques mots.

LEFORT, *se levant.* Pliez, cachetez et donnez-moi ça.

JOSÉPHINE. Oui, mon père.

(*Elle continue à écrire.*)

LEFORT. Est-ce que ce n'est pas fini?

JOSÉPHINE. Je mets l'adresse.

LEFORT. Ah! oui... A monsieur, monsieur Anatole Godard, sur la place du Chatelet, département de la Seine.

JOSÉPHINE, *se levant et lui donnant la lettre.* Voici, papa... Cependant, il serait peut-être plus convenable...

LEFORT. A c'l'heure, montez à la chambre, et ne redescendez pas que je vous appelle.

JOSÉPHINE. Il vaudrait peut-être mieux ne pas répondre.

LEFORT. A la chambre, que je vous dis! à c'te chambre ! (*Joséphine sort.*)

SCENE X.

LEFORT; *puis* ANATOLE.

LEFORT. Nous verrons si le Bourgeois sera satisfait de la réponse... le v'là qu'arrive tout chaud, tout bouillant.

ANATOLE, *accourant.* Eh bien?

LEFORT, *tirant la lettre de la poche de sa veste.* Tenez, ne dites rien.

ANATOLE, *enchanté.* Une réponse!.. donne, donne!.. Elle m'a répondu!.. Joséphine m'a répondu!.. (*à Lefort.*) Tu garderas les quatre sous.

LEFORT, *avec intention.* Nous compterons tout-à-l'heure.

ANATOLE, *lisant avec émotion.* « Monsieur » le jeune homme... » (*parlant.*) Comment, monsieur le jeune homme!..(*lisant.*) « Quoique vous disiez dans votre » lettre que vous n'êtes pas un séducteur... » (*Il continue à lire bas.*) Hon! hon ! hon !

LEFORT, *à part.* Comment, hon ! hon ! hon!.. je n'ai pas dicté ça.

ANATOLE, *très étonné.* Qu'est-ce que ça veut donc dire?.. (*continuant.*) « Et quoi-« que... » (*parlant.*) Ah! mon dieu, que de quoique!.. « Ce dernier vous cassera » les reins... avec lesquels ja'i l'honneur » d'être... »

LEFORT, *à part.* Ah ! oui, j'ai dicté ça.

ANATOLE. Par exemple!.. en voilà une sévère!.. me casser les reins!.. quel style et quels procédés!

LEFORT, *se rapprochochant.* Eh ben, êtes-vous content ?

ANATOLE, *vivement.* Rends-moi mes quatre sous... pour t'apprendre à m'apporter des horreurs de ce genre-là. (*retournant la page.*) Ah! il y a un post-scriptum.

LEFORT. Quoique c'est que ça?

ANATOLE, *lisant.* « Monsieur Anatole... » (*parlant.*) A la bonne heure!

LEFORT. Après, après?

ANATOLE, *continuant.* « Monsieur Ana-» tole, ne jugez pas mon style sur cet échantillon... » (*parlant.*) Je crois bien ! (*lisant.*) « Ces lignes m'ont été dictées » par l'obéissance filiale... » (*parlant.*) Tu l'entends!

LEFORT, *se contraignant.* Ah! ah! voilà du curieux!

ANATOLE. C'est son butor de père qui l'aura forcée à me répondre ainsi.

LEFORT. Dites donc, si vous vouliez ne pas traiter le monde de butor!

ANATOLE. Pourquoi me menace-t-il de m'assommer, parce que je veux épouser sa fille ?

LEFORT. Vous ?.. l'épouser !

ANATOLE. Oui.

LEFORT. Laissez donc, farceur !.. vous n'iriez pas prendre pour femme la fille d'un homme du peuple.

ANATOLE, *surpris*. D'un homme du... Vous le connaissez donc ce fameux père ?

LEFORT. C'est mon camarade.

ANATOLE. Ah !.. quel homme est-ce ?

LEFORT. Un homme comme moi.

ANATOLE. Ah ! oui, un homme grossier... ça boit ?

LEFORT. Ça godaille volontiers dans l'occasion.

ANATOLE, *à part*. Dieu ! le père d'un objet aimé qui godaille !.. (*haut.*) Ça ne met rien de côté ?

LEFORT. Pas si bête !

ANAATOLE. Alors, ça n'est pas riche ?

LEFORT. Il est riche à sa manière.

AIR : *Vaudeville de Fanchon.*

Un' bonne conscience,
Du pain sa suffisance,
Un peu d'gaîté,
Beaucoup d' santé,
Un chien qui vous caresse,
Un' fille qui vous aime bien...
Eh ! voilà la richesse
De celui qui n'a rien.

Boir' gaîment la p'tit' goutte,
Sout'nir un frère en route,
Ne pas vouloir,
C' qu'on n' peut avoir,
D' l'honneur et point d' paresse,
L'espérance pour tout soutien,
Eh ! voilà la richesse
De celui qui n'a rien.

ANATOLE. Savez-vous ce qu'il donnera à sa fille ?

LEFORT. Il lui a donné la naissance.

ANATOLE. Oui ; mais pour sa dot ?..

LEFORT. Il lui a mis la morale dans le cœur, et un état dans les doigts.

ANATOLE. Mais la dot ?.. la dot ?

LEFORT. En outre de ça... il fait gratis les commissions de sa fille...

ANATOLE. Les commissions ?..

LEFORT. V'là vos dix sous.

ANATOLE. Eh bien ?

LEFORT, *le regardant entre les deux yeux*. Vous ne comprenez pas ?..

ANATOLE, *reculant*. Comment ! vous seriez ?..

LEFORT. Vous voyez le père devant vous !..

ANATOLE, *à part*. Ah ! quel horrible père... pour un beau-père ! (*Haut.*) Mais, c'est égal... la passion l'emporte... je veux épouser.. ou m'asphyxier !

LEFORT. Eh ben, ne vous asphyxez pas... et touchez-là, mon gendre ! (*Il lui serre la main.*)

ANATOLE, *à lui-même*. Quelles mains !..

LEFORT. Et si vous voulez boire un coup, nous allons causer de c't'affaire là !..

ANATOLE. Bien sensible...

LEFORT, *près de se fâcher*. Vous refusez ?..

ANATOLE. Non... est-il susceptible !.. mais quand on est en puissance de mère...

LEFORT. C'est juste... avant tout... respect à la nature... Eh ben, où est-elle c'te mère ? est-ce qu'on ne peut pas lui parler ?

ANATOLE. Non, non, je me charge... de la préparer...

LEFORT. Oh ! oh !.. c'est donc une femme bien huppée ?

ANATOLE. C'est une bonne boutiquière... qui a le malheur d'être riche... et...

LEFORT. Ah ! oui, j'entends... elle est comme beaucoup d'autres... elle est fière... Ça m'est égal... je vas quitter mon spencer...

ANATOLE. Ne prenez pas cette peine...

LEFORT. Son adresse ?..

ANATOLE. Je vous assure...

LEFORT. Son adresse et sa demeure !.. Ah ! ça, voulez-vous de ma fille, ou n'en voulez-pas ?..

ANATOLE. Quelle question !..

LEFORT. Croyez-vous que je ne connais pas l'usage et la politesse ?..

ANATOLE, *à part*. Maman ne voudra jamais frayer avec un homme pareil !.. (*Haut, se disposant à sortir.*) Piliers des Halles, vis-à-vis le buste de Molière.

LEFORT. Une grosse tête à perruque ?.. je connais ça...

ANATOLE. Oh, le profane ! Madame Godard... le nom est sur la porte.

LEFORT. Dites-donc !.. si nous allions ensemble ?..

ANATOLE. Impossible !.. mon huissier m'attend... Sans adieu, je me sauve. (*Il se sauve.*)

SCENE XI.

LEFORT, JOSÉPHINE.

JOSÉPHINE, *sur le pas de sa porte ; à part, d'un air inquiet*. Ils causaient ensemble... que lui aura-t-il dit ?..

LEFORT. Appellons ma fille... (*Levant la tête.*) Joseph !..

JOSÉPHINE. Je suis là, mon père.

LEFORT, *baissant la tête.* Tiens... je te cherchais là-haut... Viens ici, Joséphine... (*Elle n'ose pas approcher.*) J'ai vu le jeune homme.

JOSÉPHINE, *s'approchant.* Ah!.. eh bien?.. la réponse?

LEFORT. Il n'est plus question de lui casser les reins... nous nous sommes expliqués... et le futur me convient.

JOSÉPHINE. N'est-ce pas qu'il est gentil?

LEFORT. N'y a qu'une chose qui me chiffonne, c'est qu'il est au-dessus de nous par son état, par ses moyens et par son costume.

JOSÉPHINE. Ah! oui... il se met bien.

LEFORT. Mais comme il n'est pas au dessous par les sentimens, ça m'est égal... J'ai l'adresse de la maman; et, selon l'usage, je vais faire la première démarche, la demande en mariage...

JOSÉPHINE, *à part.* Ah, mon Dieu!.. (*Haut.*) Comment, mon père, si vite que ça?

LEFORT. Ça sera plutôt fait.

JOSÉPHINE, *embarrassée.* Mais vous ne connaissez pas, madame Godard...

LEFORT. Ça nous fera faire connaissance...

JOSÉPHINE. On dit qu'elle est très-susceptible...

LEFORT. Pardine, v'là ben d'l'embarras... une frippière!..

JOSÉPHINE. Tapissière!.. elle vend le neuf et l'occasion.

LEFORT. Ne dirait-on pas une duchesse, et qu'elle doit fonder pour son fils un majorat sous les Pilliers des Halles!..

JOSÉHHINE Non; mais enfin...

LEFORT. Dam! si vous êtes si glorieuse, mariez-vous sans votre père!.. vous lui ferez les trois assomations...

JOSÉPHINE. Non, mon papa, ce n'est pas ça.

LEFORT. Si je te fais honte, dis-le.

JOSÉPHINE. Vous ne le pensez pas...

LEFORT. Ça en a l'air...

JOSÉPHINE. Ah! c'est vilain ce que vous dites-là... vous croyez donc que votre fille ne vous aime pas!.. (*Elle pleure.*)

LEFORT. Allons, v'là qu'elle pleure à présent... Joséphine!.. Fifine!.. voyons... je n'ai pas voulu te faire de la peine... essuie tes yeux, et viens m'embrasser... là... baisez papa!.. (*Il s'essuie la bouche avec le revers de la main et l'embrasse.*) C'est-y fini?

JOSÉPHINE. Au moins, vous mettrez votre belle redingote?..

LEFORT. Je consens à mettre la redingote... na!..

JOSÉPHINE. Et une cravate?

LEFORT. Oh! non!.. pas de cravate.

JOSÉPHINE, *d'un petit air boudeur.* Vous voyez bien que c'est vous qui ne m'aimez pas; vous ne voulez pas vous gêner un petit peu pour mon bonheur.

LEFORT. Est-ce la cravate qui te tient au cœur?.. je la mettrai aussi; je m'étranglerais pour toi: es-tu contente?..

JOSÉPHINE. Oui, papa; vous devenez raisonnable.

AIR: *Papa et maman.*

Allons, mon enfant,
Et qu' dans un instant,
Là haut ma toilette
Soit prête.
Je vais m'habiller:
Pour te marier,
Je suis prêt à tout sacrifier.

JOSÉPHINE.

Vous tâch'rez d'avoir de la t'nue,
De n' pas trop parler,
Ni gesticuler...
(*A part.*)
J' crains toujours qui n' fass' quéqu' bévue...

LEFORT.

Va, je suis adroit,
Et je me tiens droit.
Avec mon bâton
J'ai quéqu' fois bon ton.

JOSÉPHINE, *à part.*

En le voyant, que dira-t-on?

ENSEMBLE.

LEFORT.

Allons, mon enfant,
Etc., etc.

JOSÉPHINE.

Vous serez content, etc., etc.

(*Elle sort.*)

SCENE XII.

LEFORT, TRINQUET.

TRINQUET. Ah! père Lefort, je vous rencontre à propos.

LEFORT. C'est toi, Trinquet; mon homme, si c'est pour boire, je n'ai pas le temps.

TRINQUET. Tiens, d'ordinaire, tu ne refuses pas.

LEFORT. Je suis en affaires de famille.

TRINQUET. C'est au sujet de ta sœur.

LEFORT. Ma sœur?.. ah! c'est différent... qu'est-ce qu'il y a?.. Et son mari, Pierre Leblanc, comment va-t'y? Ils demeurent si loin, ces braves gens, qu'on ne se voit pas autant qu'on voudrait !.. tout en haut du faubourg Saint-Jacques !.. si on ne se rencontrait pas quéq' fois à la barrière du Maine...

TRINQUET. Tu pourrais ben ne pas l'y rencontrer de long-temps.

LEFORT, *inquiet*. Et à cause, donc?

TRINQUET. Le pauv' cher homme... tu sais qu'il n'a pour vivre que son métier de scieur de bois, et ses huit enfans?

LEFORT. Oui; huit enfans, c'est une fortune qui coûte plus qu'elle ne rapporte.

TRINQUET. Pierre Leblanc doit trois termes; il a encore des dettes chez le boucher, le boulanger...

LEFORT. Et peut-être chez le marchand de vin?

TRINQUET. Oh! non; le pauvre diable! il aimait mieux mettre un pot au feu pour ses enfans que de se griser. Enfin, le propriétaire s'est fâché... c'est une femme, son propriétaire; elle y a donné congé : quand les fournisseurs ont vu ça, ils ont voulu être payés.

LEFORT, *commençant à s'animer*. Avec quoi ?.. puisqu'il n'a rien!

TRINQUET. Le propriétaire a dit qu'il vendrait les meubles.

LEFORT. J'y en défie bien, puisqu'il n'en a pas!

TRINQUET. Et, là-dessus, s'il ne paie pas aujourd'hui, on le mettra demain en prison.

LEFORT. C'est ce qui ne sera pas!

TRINQUET. Ils l'ont dit.

LEFORT. Et qu'est-ce qui ferait vivre ses huit enfans et sa femme, qui est enceinte du neuvième ?.. non, non!.. mon beau-frère n'ira pas rue de Clichy!.. V'là le moment où l'on est vexé de ne pas avoir fait d'économies, et d'avoir été chez M. Desnoyers plus souvent qu'à la Caisse d'Épargne; mais, c'est égal : y a encore des moyens... viens avec moi, Trinquet; je vas te dire ce qu'il y a à faire... tout en passant ma redingote... Ça vient-il mal dans ce moment ici!..

TRINQUET. Un malheur vient toujours mal...

LEFORT. Non; c'est que, vois-tu, je suis occupé à marier ma fille... c'est sacré!.. alors, son mariage d'un côté, c't'e mauvaise affaire de l'autre!.. la belle-mère, les créanciers... pas d'argent devant moi!.. Ah! nom d'un p'tit bonhomme, si j'en avais moins bu!.. vous me direz, il ne faut pas non plus se dessécher!.. Viens, viens avec moi, Trinquet, et dépêchons-nous : quand on oblige, c'est le cas de ne pas perdre de temps.

(*Ils vont pour sortir.*)

SCENE XIII.

LES MÊMES, JOSÉPHINE.

JOSÉPHINE. Mon papa, quand vous voudrez, votre toilette est prête.

LEFORT. T'es ben pressée...

JOSÉPHINE. Ah! mon Dieu, non!.. et si vous ne voulez pas aller chez madame Godard, je n'y penserai plus, je...

LEFORT. Du tout! l'autre, qui ne veut pas que j'aille chez sa mère; celle-ci, qui veut m'en empêcher!.. quéque ça veut donc dire, à présent!.. Va-t'en chez ta lingère.

JOSÉPHINE. Non, je vais remonter.

LEFORT. Va-t'en chez ta lingère!.. j'ai affaire là-haut avec le père Trinquet, tu n'as pas besoin d'y être.

JOSÉPHINE. C'est bon, mon père.

LEFORT, *à Trinquet*. Viens, tu prendras ma petite charrette... je vas t'expliquer ça. (*Ils sortent.*)

SCENE XIV.

JOSÉPHINE; ensuite Mme GODARD et ANATOLE.

JOSÉPHINE. Qu'est-ce qu'il a donc, papa, avec M. Trinquet?.. si ça pouvait l'empêcher d'aller chez madame Godard... (*Elle va pour sortir.*) Tiens, j'aperçois M. Anatole... il est avec une dame... c'est sûrement sa mère!.. (*Elle s'arrête.*)

Mme GODARD, *entrant*. En voilà assez de dit... je ne veux pas que ta Joséphine me fasse oublier mes intérêts... il y a vente aujourd'hui sur la place du Châtelet.

ANATOLE. Oui, maman.

Mme GODARD. Il me faut des meubles pour remplacer ceux que je viens de vendre... Voilà un sac de cent écus, va à la vente, graisse la patte au crieur, et fais-moi adjuger ça à bon compte.

ANATOLE. Mais, maman, mon amour...

Mme GODARD. Mets ton mouchoir par-dessus, de peur de le perdre... Quant à la demoiselle en question, je vais voir son père... pendant que tu iras à la vente.

ANATOLE. Maman, le hasard nous favorise : voilà celle que j'aime!.. comment la trouvez-vous?

Mme GODARD. Hum!.. elle est assez drolette.

ANATOLE, *va au-devant d'elle*. Venez, mademoiselle Joséphine, maman permet que je vous présente à elle.

JOSÉPHINE, *s'approchant timidement.* Madame...

Mme GODARD. Approchez, mon enfant... je ne vous mangerai pas... Vous aimez donc mon fils, vous?..

JOSÉPHINE. M. Anatole m'a dit qu'il m'aimait, qu'il désirait être mon mari...

Mme GODARD. Et vous lui avez répondu?..

JOSÉPHINE. Que si sa mère n'approuvait pas son inclination, je ne voudrais pas entrer dans une maison où je ne serais pas reçue avec plaisir.

Mme GODARD, *à part, à son fils.* Cette petite personne s'énonce à merveille. (*Haut.*) Hum!.. et votre père... qu'est-ce qu'il fait?..

ANATOLE, *à part.* Voilà le hic!

JOSÉPHINE, *embarrassée.* Mon père?..

Mme GODARD, *brusquement.* Oui; vous en avez un?..

ANATOLE, *à part.* J'aimerais presque autant qu'elle n'en eût pas.

JOSÉPHINE. Mon père a été, dans les temps, employé à la Malmaison.

Mme GODARD, *criant.* Chez l'Impératrice!.. et moi aussi, j'y ai acheté une fois douze robes lamés en argent... la treizième pardessus le marché; je l'ai gardée pour moi... je l'ai mise au baptême d'Anatole... N'est-ce pas, Anatole?..

ANATOLE. A mon baptême?.. je ne m'en rappelle pas.

Mme GODARD. Comment vous appelez-vous, ma belle?..

JOSÉPHINE. Joséphine Lefort.

Mme GODARD. Joséphine!.. ça me fait toujours de l'effet quand on prononce ce nom là devant moi... c'est que j'ai vu Joséphine comme je vous vois... je lui ai parlé comme je vous parle...

JOSÉPHINE. C'était ma marraine...

Mme GODARD, *surprise.* L'Impératrice était votre marraine?

JOSÉPHINE. Oui, Madame.

ANATOLE, *enchanté.* Ah! mamselle Joséphine, vous ne m'aviez pas dit ça...

Mme GODARD. Bonne Joséphine!.. c'est celle-là qu'en a reçu des bénédictions!.. (*S'attendrissant.*) C'est elle qui est cause que j'ai épousé M. Godard; elle l'avait placé au Garde-Meubles.

JOSÉPHINE. Je me souviens que ma mère me disait, quelque temps avant de mourir : Ma fille, tu as un nom qui doit te porter bonheur!.. et elle ajoutait :

AIR : *de l'Anonyme.*

Ma pauvre enfant, que ce nom te soutienne!
Tu trouveras souvent sur ton chemin
Beaucoup de gens à qui ta bonn' marraine
Dans la détresse aura tendu la main.
Si, sans appui, tu te trouvais tout' seu'e,
D'vant un' personn' qui r'çut d'elle un bienfait,
Tu lui dirais : A la pauvre filleule,
Rendez le bien qu' la marrain' vous a fait.

Mme GODARD, *s'essuyant les yeux.* Voilà que vous me faites pleurer... vous, à c't' heure!

ANATOLE, *à Joséphine.* Maman pleure, c'est bon signe.

SCENE XV.

LES MÊMES; LEFORT, *avec une redingote qui lui descend jusqu'aux talons, un gilet très court, et une énorme rosette à sa cravate;* TRINQUET, *traînant au fond une petite charette, dans laquelle il y a une commode, une glace et d'autres effets.*

LEFORT, *à Trinquet.* Trinquet, tu sais ce que je t'ai dit... roule ta bosse, mon vieux, et surveille-moi ça. (*Trinquet s'éloigne avec la charrette.*)

JOSÉPHINE, *se retournant, à part.* Ah! mon dieu, voilà papa... il va tout gâter.

ANATOLE, *qui a vu le mouvement.* Le père! quel dommage!.. ça allait si bien!..

JOSÉPHINE, *allant à lui, et montrant de loin la charrette.* Qu'est-ce que c'est donc que ça, mon père?

LEFORT, *brusquement.* Ça ne te regarde pas!.. c'est une commission que le père Trinquet fait pour moi. (*S'avançant.*) Mais avec qui donc que t'es là en société?.. (*indiquant du doigt madame Godard*) c'est-il la mère du jeune homme?..

JOSÉPHINE, *embarrassée, et se mettant devant lui.* Oui, mon père... oui!..

(*Ils continuent à causer bas; on entend la cloche qui sonne sur la place du Châtelet.*)

Mme GODARD. Anatole, voilà la vente qui va commencer : à ton poste, mon garçon!..

ANATOLE, *avec contrainte.* Oui, m'man...

Mme GODARD. Va vite, pour être des premiers.

ANATOLE. Faudra-t-il que je pousse fort?..

Mme GODARD. Oui, mais pas trop.

ANATOLE, *bas.* Mademoiselle Joséphine, surveillez votre père, je vous en prie.

Mme GODARD. Tu n'es pas encore parti?..

ANATOLE. Si, maman, je me sauve. (*A part, en sortant.*) J'aurais pourtant bien voulu assister à la présentation. (*Il sort.*)

SCÈNE XVI.

LES MÊMES, excepté ANATOLE.

LEFORT, *à part.* Quand ils auront fini... (*saluant madame Godard.*) Salut, Madame... et la compagnie...

Mme GODARD, *reculant.* Qu'est-ce que c'est que cet homme là?..

JOSÉPHINE. Madame, c'est... mon père.

Mme GODARD, *le toisant.* Ah!..

LEFORT, *s'avançant.* Madame... j'ai mis ma redingote, parce que ma fille m'a dit...

JOSÉPHINE, *à Lefort.* Mon père.. il est inutile...

LEFORT, *embarrassé, et cherchant ses paroles.* Si ça n'avait pas été pour jaser avec vous... vu qu'une femme... je ne m'aurais pas habillé, des pieds à la tête... parce que, voyez-vous...

AIR : *Le briquet frappe la pierre.*

Habitué d' porter une veste,
J' n'aim' pas c'te rédingott'-là;
Dans la t'nue où me voilà,
I m' sembl' que j' suis moins leste.
Qu'il pleuve, ou qu'il fasse beau,
J' préfèr' ma casquette en veau
A ce grand diabl' de chapeau.
Vous m' direz qu' la mise flatte,
Mais, moi, j' n'y tiens pas beaucoup.
Et ce qui m' déplaît surtout,
C'est c'te diable de cravatte;
Ça gên' les mouv'mens du cou
Quand on veut boire un p'tit coup.

Mme GODARD, *à part.* Dieu!.. c'est un buveur.

JOSÉPHINE, *à part.* Le voilà qui commence. (*Elle lui fait des signes.*)

LEFORT. Sauf votre respect, j'allais aller chez vous... j'ai quitté ma veste et mon ouvrage... je m'ai dit : Pour marier sa fille, on peut bien perdre une demi-journée.

Mme GODARD, *avec ironie.* C'est très-bien.

LEFORT. Mais on est mieux assis que debout : si nous entrions au café, prendre quéque chose... un petit verre de doux.

Mme GODARD, *à part.* Ah! quel affreux genre! (*Haut, avec dédain.*) Je vous suis obligée... je ne prends jamais rien entre mes repas.

(*Joséphine le tire par le pan de sa redingote.*)

Mme GODARD. Et, vous êtes en boutique?..

LEFORT. Pas même en chambre!..

Mme GODARD. Fabricant, peut-être?..

LEFORT. Drôle de fabricant!

Mme GODARD. Avez-vous mis à l'exposition de l'Industrie?..

LEFORT, *montrant sa fille.* Voilà tout ce que j'ai fabriqué en ma vie : je ne pouvais pas mettre ça à l'exposition.

Mme GODARD. Votre fille m'a dit que vous avez été employé à la Malmaison, chez l'Impératrice?..

LEFORT. Il y a gros... que j'y ai été... bonne femme!.. pas fière!.. L'Impératrice.. alors, un jour qu'elle passait avec l'Empereur...

JOSÉPHINE, *le tirant par son habit.* Mon père, prenez garde!..

Mme GODARD. Et quelle place aviez-vous chez l'Impératrice?..

LEFORT. Une place de confiance... (*d'un air fier.*) c'est moi que je lui portais son bois.

JOSÉPHINE, *à part.* Tout est perdu!..

Mme GODARD. Qu'est-ce que vous étiez donc au château?..

LEFORT. J'étais pas chambellan, peut-être... j'étais journalier... homme de peine... quoi! (*Joséphine le tire plus fort.*) Mais, finis donc, toi; tu vas me déchirer ma redingote.

Mme GODARD, *à part.* Un homme de peine!.. moi, qui ne peux pas souffrir la basse classe!..

LEFORT. Ma fille n'a pas une forte dot; mais...

JOSÉPHINE, *vivement.* Mon papa a de l'ordre, de l'économie... nous avons un joli mobilier, qui est...

LEFORT, *l'interrompant.* Qui est sur la place du Châtelet... (*Il rit.*) Hé! hé! hé!..

Mme GODARD, *étonnée.* Sur la place du Châtelet?..

JOSÉPHINE. Mais, papa, vous perdez la tête.

LEFORT. Je ne perds pas la tête... je perds mes meubles; mais, je ne veux tromper personne... v'là quinze ans que je demeure sur la place... n° 9, au cinquième au-dessus de l'entresol... On connaît le père Lefort... et il n'y a pas de mal à en dire... il peut marcher la tête levée.

Mme GODARD, *d'un air dédaigneux* Comment se fait-il qu'on vende vos meubles?.. vous n'avez donc pas de conduite?..

JOSÉPHINE, *vivement.* Oh! si, Madame, je vous jure...

LEFORT. Silence!.. tu ne sais donc pas ce qui arrive à ton oncle Leblanc?

JOSÉPHINE. Quoi donc?..

LEFORT. Oui, Madame... Pierre Leblanc, rue Mouffetard, c'est mon beau-frère ; eh bien !.. parce qu'il doit trois méchans termes à sa propriétaire... est-ce qu'elle n'a pas voulu le faire saisir !..

Mme GODARD. Pierre Leblanc, scieur de bois ?.. Mais c'est moi, qui fais vendre !

LEFORT. Vous !

Mme GODARD. Oui, moi !

LEFORT, *froidement.* Joséphine... remonte-là haut !

JOSÉPHINE. Mon père...

LEFORT. Remonte là-haut, qu'on te dit !

Mme GODARD. Dans quelle famille mon fils voulait-il entrer ?

LEFORT. Vous direz à votre M. Anatole qu'il ne s'avise plus de regarder ma Joséphine !

Mme GODARD. N'ayez pas de crainte.. quand il saura ce qui se passe...

LEFORT, *d'un air concentré.* Quoi donc... qui se passe ?..

JOSÉPHINE. Mon père, ne vous emportez pas !..

LEFORT, *prenant sa fille sous le bras.*

AIR : *Mon Dieu, quel homme ! quel petit homme !*

Allons-nous-en... c'en est assez.
Pour une première entrevue...
Quoique je soyons bas placés,
J'avons plus d' cœur que vous n' pensez !
Tout c' que j' possède à la maison
Paiera la somm' qui vous est due,
Mon beau-frèr' coucher en prison !..
J'aim'rais mieux coucher dans la rue. (*bis.*)

ENSEMBLE.

LEFORT.

Allons-nous-en... c'en est assez...
Etc., etc.

JOSÉPHINE.

Venez, mon père... c'est assez...
A tout ça j' m'étais attendue...
(*A part.*) Voilà nos projets renversés,
Nous n' somm's que plus embarrassés.

Me GODARD, *à elle-même.*

Allons-nous-en, c'en est en assez
Pour une première entrevue...
Avec des gens si bas placés
Les rich's sont toujours tracassés !

(*En sortant.*) Courons chercher mon fils à la vente !

SCENE XVII.

LEFORT, JOSÉPHINE.

JOSÉPHINE. Eh bien, mon père, vous avez joliment travaillé !.. Avec ça, mon pauvre oncle Leblanc...

LEFORT. C'est lui qu'est le plus à plaindre... je vas ôter ma rédingote, et aller voir ma sœur.

SCENE XVIII.

LES MÊMES, TRINQUET, *accourant.*

TRINQUET. Vive la joie et les pommes de terre !

LEFORT. V'là l'autre à c't'heure... t'es ben joyeux !

TRINQUET. Tes meubles sont vendus !..

LEFORT. Tant mieux !

JOSÉPHINE. Comment, tous ?

LEFORT. Excepté ton lit... sois tranquille !..

JOSÉPHINE. Et le vôtre ?

LEFORT. Il y a des bottes de paille chez le grainetier.

TRINQUET. Nous n'avions besoin que de cinquante écus, et nous avons fait trois cents francs !

LEFORT. Trois cents francs !

TRINQUET. Les v'là dans un sac... c'est du comptant !

LEFORT. Comptant !.. et moi aussi je suis content !.. ah ! hei ! ah ! hei !.. (*Il saute et danse de joie.*) Pauvres gens !.. courons payer leurs dettes, et avec le restant acheter des meubles tout neufs d'hazard... chez c'te marchande frippière qui fait la renchérie... je veux la narguer ! Mais comment donc que ça s'est monté si haut ?

TRINQUET. Y avait un jeune homme qui poussait... qui poussait !.. je crois qu'il s'entendait avec le crieur... et quand il disait : *cinq centimes !* le crieur disait : *un franc !..* Ils ont joué ce jeu là un quart d'heure ; si bien que le commissaire-priseur a dit : *adjugé !* et puis il a dit au jeune homme : Est-ce que vous êtes fou ! ces meubles là valent t'hardiment 75 *francs...* — Pour moi, a dit le jeune homme, ils valent de l'or !.. Tous les autres s'est mis à rire ; et il m'a payé... Mais tenez, le v'là votre acquéreur !..

JOSÉPHINE. M. Anatole !..

LEFORT. Notre amoureux !.. y a quèq'chose là dessous.

SCENE XIX.

LES MÊMES, ANATOLE.

LEFORT, *allant à lui.* Dites donc, jeune homme ! c'est donc vous qu'a acheté mes meubles ?

ANATOLE. Pourquoi pas ?.. vous les fesiez vendre... L'indiscrétion de cet homme m'a appris que ces meubles étaient à vous, je les ai achetés ; mais non pas dans l'intention de vous en dépouiller, car, à l'heure qu'il est, ils sont remis sur la charrette, et on les reporte chez vous.

LEFORT. Comment, chez nous... puisque vous les avez achetés?

ANATOLE. Pour vous les rendre...

LEFORT. Et l'argent?..

ANATOLE, *riant.* C'est une bonne farce, allez! c'était ma mère qui me l'avait donné pour...

LEFORT. V'là tout ce que je voulais savoir... Ah! jeune homme! vous faites de ces tours-là à vos parens!..

ANATOLE. Ma mère est riche...

LEFORT. Après?

ANATOLE. C'est un à-compte sur ma dot...

SCÈNE XX et dernière.

LES MÊMES, Mme GODARD, *au fond.*

Mme GODARD, *à part.* Je viens d'en apprendre de belles! Ah! voilà mon petit drôle avec ces vilaines gens... Ecoutons.

LEFORT. Vous nous prenez donc pour des voleurs?.. pour des recelleurs! non, non, mon petit, on ne vendait pas ses meubles pour aller boire... on les vendait pour obliger un parent dans le malheur; mais on aimerait mieux y être soi-même, dans la misère... et se jeter par dessus le pont que d'être riche par de vilains moyens... On a encore des reins... on porte deux cent cinquante... on portera trois cents!.. on empruntera, on fera une collette, une suscription dans ses connaissances, pour retirer un beau-frère de l'abîme... et si vous étiez mon fils à moi... (*il l'empoigne par le bras*) je vous flanquerais une danse, pour vous apprendre à me voler mon argent pour faire vos générosités...

ANATOLE. Lâchez donc! vous allez m'estropier!..

JOSÉPHINE. Mon père!..

ANATOLE. On vous oblige, et vous voulez taper!..

LEFORT. On n'oblige pas en insultant!..

(*Il lève le poing.*)

Mme GODARD, *s'avançant.* Eh bien! eh bien! il veut battre mon fils, à présent!..

ANATOLE. Maman!..

Mme GODARD. Voulez-vous lâcher cet enfant! tout de suite!..

LEFORT. Je le corrige...

Mme GODARD. Ça ne vous regarde pas.

LEFORT. Quand vous saurez ce qu'il a fait!..

Mme GODARD. Je sais tout.

LEFORT. Mes meubles...

Me GODARD. Il les a achetés.

LEFORT. Oui; mais il croit que je garderai l'argent avec la marchandise : non! voilà vot' sac... le reconnaissez-vous vot' sac!

ANATOLE. Maman, pardonnez-moi... il vendait tout pour acquitter la dette de son beau-frère...

Mme GODARD, *avec intérêt.* Et il ruinait sa fille...

LEFORT. Je sauvais ma sœur!..

Mme GODARD, *à Lefort.* Vous pouviez empêcher le mariage de cette petite?..

LEFORT. Avec quelqu'un qui la prendrait par intérêt?..

Mme GODARD. Avec mon fils.

(*Mouvement d'Anatole et de Joséphine.*)

LEFORT. Qui ne l'aura pas.

Mme GODARD. Pourquoi?

LEFORT. Parce qu'il vous a fait une indélicatesse... Vous avez refusé ma fille, parce qu'elle était pauvre; et, moi, je refuse votre fils, parce qu'il n'est pas honnête.

JOSÉPHINE. Ah! mon papa!..

ANATOLE. M. Lefort!

LEFORT. Pas honnête! pas délicat!.. c'est le mot!

Mme GODARD. Mais, si je lui pardonne, en faveur du motif?

LEFORT. Vous auriez tort.

Mme GODARD. Et si je fais grâce à votre beau-frère de ses trois termes, ai-je encore tort?..

TRINQUET. Ah! v'là qu'est beau!

LEFORT. Pas de grâce... je veux vous payer...

Mme GODARD. Et, moi, je ne veux pas...

LEFORT. Je suis entêté!..

Mme GODARD. Je le serai autant que vous...

LEFORT. Ça sera malaisé...

Mme GODARD. Faites donc céder une femme!.. Vous ne pouvez pas empêcher une propriétaire d'avoir égard à ses locataires... d'ailleurs, c'est un présent de noce que je veux faire à ma bru!

ANATOLE. Ah! maman! voilà un trait digne de l'impératrice Joséphine, dont vous me parlez si souvent.

Mme GODARD, *la larme à l'œil.* Joséphine!.. n'entame pas son chapitre, tu me ferais encore pleurer, toi!..

AIR : *de l'Anonyme.*

En fait, d' bonté c'est le plus beau modèle;
J' veux l'imiter en faisant votr' bonheur...
J' deviens meilleur', quand je me souviens d'elle!
Qui l'a connut n'a pas un mauvais cœur.

J' suis un peu fier'... mais je n' suis pas bégueule.
Dans l' fond de l'âm' je m' rappelle un bienfait...
Mariez-vous... je rends à la filleule
Le bien qu' jadis la marraine m'a fait.

JOSÉPHINE. Eh bien! papa, résisterez-vous encore?..

LEFORT. Sans rancune, madame Godard; je vois que vous n'êtes pas si méchante que vous en avez l'air... aussi, pour votre peine, je vous donne mon consentement.

Mme GODARD, *gaîment*. A la bonne heure!

LEFORT. C'est seulement pour vous prouver que je ne suis pas fier!

VAUDEVILLE.

AIR : *Les Gueux sont les gens heureux.*

Les pauvres gens
Sont francs, obligeans!
Vive, mes enfans,
Les pauvres gens!

TRINQUET.

Plus d'un riche est égoïste,
Quand il s'agit d'fair' du bien;
Mais l'ouvrier... mais l'artiste
Partag'.. mêm' quand il n'a rien.
Les pauvres gens
Sont francs, obligeans:
Vive, mes enfans,
Les pauvres gens!

Mme GODARD.

Dans le monde il est d'usage
De décrier les maris,
Et pourtant dans leur ménage,
Presque pour tous leurs amis,
Ces pauvres gens
Sont très-obligeans,
Très-accommodans,
Et bons enfans.

ANATOLE.

Nos grands auteurs à la rame
Baissent, depuis quelque temps,
Avec leurs vers et leur drame,
Leurs chroniqnes, leurs romans,
Les pauvres gens
Sont bien embêtans!..
Ils sont sur les flancs,
Les pauvres gens!

LEFORT.

Lorsque l'ennemi menace
De conquérir le pays,
On voit se lever en masse
Plus de vestes que d'habits.
Les pauvres gens
Sont prêts en tout temps:
Vive, mes enfans,
Les pauvres gens!

JOSÉPHINE, *au Public.*

Si ce tableau populaire,
Messieurs, vous a fait plaisir,
Aux loges, comme au parterre,
Dit's, en venant applaudir:
Les pauvres gens
Sont gais, amusans,
Qu'ils vivent long-temps,
Les pauvres gens!

FIN.

Imprimerie de CHASSAIGNON, rue Gît-le-Cœur, n. 7.

www.ingramcontent.com/pod-product-compliance
Lightning Source LLC
LaVergne TN
LVHW050515160826
845677LV00003B/1152